# Nebulia

## et la mystérieuse étoile filante

Texte : Annie Turcotte
Illustrations : Claire Anghinolfi et Stéphannie Saint-Louis
Direction artistique : Kevin Richer et Marie-Ève Grenier
Édition : Isabel Tardif et Caroline Trudeau
Design graphique : Josée Amyotte et Marie Gouret
Infographie : Marie Gouret
Traitement des images : Johanne Lemay
Révision : Caroline Hugny
Correction : Brigitte Lépine et Joëlle Bouchard
Collaboration spéciale : Kathleen Shannon



Catalogage avant publication de Bibliothèque et Archives nationales du Québec et Bibliothèque et Archives Canada

Titre : Nebulia et la mystérieuse étoile filante.
Description : Mention de collection :
Nebulous stars
Identifiants : Canadiana 20200082434
| ISBN 9782897542801
Classification : LCC PS8600.N43 2020
| CDD jC843/.6–dc23

02-22

Imprimé au Canada



Dépôt légal : 2020
Bibliothèque et Archives nationales du Québec

ISBN (version papier) 978-2-89754-280-1
ISBN (version numérique) 978-2-89754-283-2

DISTRIBUTEUR EXCLUSIF :

Pour le Canada :
MESSAGERIES ADP inc.*
Téléphone : 450-640-1237
Internet : www.messageries-adp.com
* filiale du Groupe Sogides inc.,
filiale de Québecor Média inc.

Gouvernement du Québec – Programme de crédit d'impôt pour l'édition de livres – Gestion SODEC – www.sodec.gouv.qc.ca

L'Éditeur bénéficie du soutien de la Société de développement des entreprises culturelles du Québec pour son programme d'édition.

Conseil des arts du Canada | Canada Council for the Arts

Nous remercions le Conseil des arts du Canada de l'aide accordée à notre programme de publication.

Financé par le gouvernement du Canada
Funded by the Government of Canada
Canada

Nous reconnaissons l'aide financière du gouvernement du Canada par l'entremise du Fonds du livre du Canada pour nos activités d'édition.

Nebulous Stars®

nebulousstars.com

# Nebulia
## et la mystérieuse étoile filante

Texte d'**Annie Turcotte**

Illustrations de **Claire Anghinolfi** et
**Stéphannie Saint-Louis**

petit homme

# Prologue

Les légendes mystiques racontent qu'au plus profond de chaque nébuleuse se trouve un cœur, qui donne vie à des âmes exceptionnelles et remplies d'un amour pur...

Découvre l'univers magique de Nebulous Stars. Dans ce monde fabuleux, les habitants sont responsables de la naissance des étoiles. C'est grâce aux énergies positives dégagées par tous, comme l'amour, le partage, la bonté et l'entraide, que l'univers parvient à rester en équilibre. Mais lorsque des sentiments négatifs envahissent le cœur des résidents, les conséquences peuvent être graves ! Heureusement, tous les enfants apprennent très jeunes comment participer à rendre le monde meilleur.

Chaque personne contribue à sa façon au maintien de cet équilibre fragile grâce à ses pouvoirs fantastiques. Pars maintenant à la rencontre d'un groupe d'amies bien particulier et de leurs fidèles animaux magiques !

# Nebulia

Attentionnée
et généreuse,
Nebulia habite
l'Espace-en-Ciel.
Rassembleuse,
elle a le don de faire
ressortir les forces
de ses amies.
Dans ses temps libres,
elle se passionne pour
la coiffure et la mode.
Pour garder la forme,
elle pratique
le yoga.

# Hazelia

L'accueillante Hazelia
vit au cœur de
la Forêt enchantée.
Elle a le pouvoir
d'embellir la nature
par l'énergie qu'elle
transfère avec
ses bras aimants.
Fidèle amie,
elle est toujours
prête à aider.
Pour s'occuper,
elle fait de la sculpture
sur bois.

# Petulia

La lumineuse Petulia
habite la région
du Jardin des Fleurs.
Pour passer le temps,
elle adore colorier
des
mandalas
et jouer du piccolo.
Par sa musique,
elle parvient à
faire danser les éléments
de la nature,
dont les papillons.

# Marinia

Marinia a
une voix mélodieuse
aux pouvoirs
énergisants.
Elle vit dans
le Lagon lumineux et
est capable de respirer
sous l'eau.
Elle maîtrise la méditation
en plus de détecter
facilement
les émotions des autres.

# CARTE DE LA NÉBULEUSE

L'ESPACE-EN-CIEL
Nebulia
NEBULOPOLIS
LA RIVIÈRE DE L'ÉTERNITÉ
Iceana
LA CHAMPIGNONNIÈRE COSMIQUE
Orelia
LA FORÊT ENCHANTÉE
LA FORÊT LOINTAINE
Hazelia
LE LAGON LUMINEUX
LE RÉCIF ARC-EN-CIEL
Coralia

1

# La pouponnière d'étoiles interdite

Nebulia, une fillette enjouée et généreuse, a la chance de grandir dans l'univers fantastique qu'est la Nébuleuse argentée. Elle habite dans l'Espace-en-Ciel, une région de la nébuleuse située au cœur d'un vaste nuage cosmique. Chez elle, les étoiles brillent de jour comme de nuit, et il est possible de toucher les nuages, doux et enveloppants. Sa maison, d'une couleur mauve scintillante, ressemble à un petit château, avec ses nombreuses tours et ses escaliers en colimaçon. Elle y vit avec ses parents, qu'elle aime plus que tout.

Nebulia adore passer du temps avec ses nombreuses amies qui vivent dans les différentes régions de la nébuleuse. Elles sont ses confidentes, celles avec qui elle vit toutes sortes d'aventures. Mais lorsqu'elle est seule, elle s'amuse à créer des styles vestimentaires et des coiffures qui sortent de l'ordinaire, ou elle s'adonne au yoga, une activité qui la dégourdit ! Elle ne maîtrise pas encore toutes les positions compliquées de ce sport et parfois elle s'emmêle dans ses propres membres, mais elle adore s'étirer à l'infini... Ces moments de détente l'aident à contrôler ses émotions qui tourbillonnent parfois un peu trop dans sa tête !

D'aussi loin qu'elle se souvienne, Nebulia souhaite visiter la pouponnière d'étoiles, cet endroit mystérieux où naissent les bébés astres. Il n'y a qu'une seule pouponnière d'étoiles dans la nébuleuse. Tous les matins depuis

son enfance, elle voit son père s'y rendre pour travailler, tout sourire. Avec quelques collègues expérimentés, il veille à ce que l'énergie se rende constamment jusqu'au cœur des étoiles en devenir. Quel travail formidable que d'aider les astres à voir le jour et à briller ! Toutefois, pour des raisons qu'elle ignore encore, on a toujours interdit à Nebulia l'accès à cet endroit. Chaque fois qu'elle souhaite l'accompagner, son papa lui répète la même chose :

– Tu dois attendre d'être plus vieille, d'avoir toutes les connaissances et la sagesse nécessaires avant de pouvoir entrer dans la pouponnière.

– Mais pourquoi donc ? demande constamment Nebulia, qui n'obtient malheureusement jamais de réponse satisfaisante !

Par un splendide début d'après-midi, une de ces journées où les étoiles et le soleil brillent en même temps au-dessus de sa maison scintillante, Nebulia juge qu'elle a assez grandi et surtout, suffisamment attendu. C'est décidé : aujourd'hui, elle percera enfin le mystère de cette fameuse pouponnière d'étoiles ! Hum… Elle hésite un moment

entre écouter son instinct qui la pousse à s'y rendre en catimini, et demander la permission à sa mère et risquer d'obtenir un refus de plus... Elle décide finalement d'opter pour la franchise.

En fine renarde, elle attend le meilleur moment pour faire sa demande, soit celui où sa maman, complètement détendue, revient du cours de yoga matinal qu'elle donne sur un nuage coloré, au-dessus de la Rivière de l'Éternité. Lorsque sa mère entre dans la maison, Nebulia vient vite la rejoindre. Elle emprunte alors sa voix la plus douce, remplit ses yeux d'amour et se lance :

– Maman, je vais aller rejoindre papa au travail aujourd'hui. Je crois qu'il sera très heureux de ma visite surprise !

– Tu devrais plutôt me poser la question, jeune fille ! C'est NON et tu le sais très bien, répond immédiatement sa mère.

– Mais maman ! réplique Nebulia, une fois de plus découragée par ce refus qui lui semble éternel. Je ne comprends pas ! Je peux toujours t'accompagner lorsque tu donnes des cours de yoga. Et quand je le fais, je suis sage et je t'aide beaucoup, tu le dis toi-même…

– Oui Nebulia, tu m'aides de plus en plus, ça c'est vrai. Mais pour la pouponnière d'étoiles, c'est une tout autre histoire. Ton père fait un travail extrêmement important là-bas et la moindre erreur provoquée par un visiteur pourrait entraîner une catastrophe dans tout l'univers, précise-t-elle.

– Mais je suis grande, maintenant ! Je sais comment faire pour ne pas déranger papa. Je promets que je serai vraiment sage, ajoute-t-elle en unissant ses mains pour supplier sa maman.

– On en reparlera une autre fois, ma chérie. Mais pour aujourd'hui, c'est encore non. Surtout que ton père n'est pas au courant. Il n'apprécierait pas la « surprise », comme tu dis.

Nebulia, les yeux dans l'eau, lance un regard aussi peiné que fâché à sa mère. Elle sent même son cœur bondir de rage au fond de sa poitrine. Il bat si fort que ça lui fait presque mal.

Tandis que sa mère monte à l'étage pour se changer, Nebulia court dans sa chambre chercher son journal intime et son crayon orné d'une plume. Pour se calmer, elle se réfugie sur son nuage préféré, dans le jardin, derrière la maison. C'est l'endroit où elle se rend lorsque rien ne va plus. Ce qui est extra, c'est qu'elle parvient à atteindre ce nuage depuis la fenêtre de sa chambre. Un seul grand saut et elle y est.

Une fois installée, elle ouvre son journal intime. Elle se met à y décrire la situation qu'elle vient de vivre et à exprimer tout ce qu'elle ressent. Verser sa colère sur papier aide toujours Nebulia à retrouver son calme. Après plusieurs phrases libératrices et quelques dessins, elle reprend tranquillement le contrôle de ses émotions. Fiou ! Nebulia prend la décision que cet accrochage avec sa mère ne gâchera pas cette belle journée qui commence ! Puisqu'on n'a jamais une deuxième chance de revivre celles-ci, mieux vaut les vivre à fond et dans la bonne humeur… toutes sans exception !

Comme pour la féliciter de son attitude positive, au moment exact où Nebulia lève les yeux vers le ciel, une minuscule étoile filante passe dans son champ de vision. Elle sourit légèrement et ferme les yeux pour faire un vœu. Mais puisqu'il ne faut jamais révéler son vœu afin que celui-ci se réalise, elle n'ose même pas l'écrire dans son journal !

## 2

# L’escapade de Nebulia

Nebulia sent monter en elle le désir de prendre ses propres décisions et de gagner en autonomie malgré l’avis de ses parents... Elle est plongée dans ses pensées quand, à son grand étonnement, elle remarque que l’étoile qui est passée au-dessus d’elle il y a quelques minutes revient sur sa trajectoire ! Cette fois-ci, l’astre se déplace plus lentement. Nebulia prend donc le temps de l’observer en détail et remarque quelque chose d'anormal. En fait, l'étoile est très jolie, mais elle semble avoir de la difficulté à avancer. Nebulia aperçoit même une étrange faille sur sa surface…

– Peut-être qu'elle est blessée, se dit-elle à voix basse, légèrement inquiète.

Nebulia, qui analyse la situation comme le ferait son père, croit que l'astre a peut-être quitté la pouponnière trop tôt, trop jeune… C'est plus fort qu'elle : elle doit absolument sauver cette petite étoile et la ramener vers la pouponnière où son père pourra lui venir en aide !

Vite ! Nebulia ramasse son journal et son crayon, bondit hors de son nuage douillet et revient dans sa chambre par sa fenêtre demeurée ouverte. Discrètement, sans que sa mère s'en aperçoive, elle organise son départ. D'abord, pour passer inaperçue lorsqu'elle sera sur le site de la pouponnière, elle enfile une tenue sportive plus sombre que les vêtements colorés qu'elle porte habituellement. Fin prête, elle descend à la cuisine. Elle y ramasse quelques capsules d'eau de Lune énergisante qu'elle glisse dans son sac banane attaché à sa taille. Lors des journées chaudes ou pendant un entraînement, il n'y a rien de plus rafraîchissant que ces délicieuses capsules qui fondent dans la bouche. Nerveuse et le cœur battant très vite, elle lance haut et fort à sa mère, juste avant de sortir :

– Maman, je sors rejoindre mes amies au Jardin des Fleurs. Je vais les aider à faire un herbier.

– C'est d'accord, mais reviens avant le souper, lui répond sa mère depuis le deuxième étage.

Sachant très bien qu'elle désobéit à ses parents, Nebulia prend tout de même la poudre d'escampette et file à la poursuite de la petite étoile pour l'accompagner vers la pouponnière.

– Tiens bon, petite étoile ! crie Nebulia vers le ciel, dans la direction de l'astre. Papa et moi allons te soigner !

Par le passé, avec sa mère, Nebulia a déjà conduit son père au boulot. Elle sait donc que la pouponnière est située sur un très haut nuage, tout juste de l'autre côté de la Rivière de l'Éternité, non loin du fabuleux Jardin d'Étoiles où sont soignés les astres naissants. Quand elle sera sur place, elle n'aura qu'à se faufiler à l'intérieur de la bâtisse lumineuse aux mille morceaux de verre sans que personne ne l'aperçoive...

– Ce ne sera pas simple, mais c'est possible ! se dit-elle, tout de même un peu hésitante.

En temps normal, pour sortir se balader, Nebulia utilise sa trottinette volante dont la base est un nebulo-stratus, un petit nuage qui plane près du sol, poussé par les courants d'air lumineux. Mais la journée ne le permet pas. En fait, il n'y a aucun vent sur la nébuleuse en ce moment, donc aucun moyen de faire avancer la trottinette ! Tant pis, elle suivra l'étoile à pied !

D'un pas rapide, Nebulia se dirige vers la Rivière de l'Éternité. Du regard, elle suit toujours la petite étoile filante. Elle constate toutefois que celle-ci est de plus en plus basse, comme si elle ne parvenait plus à filer dans les hauteurs du ciel...

Arrivée à quelques mètres de la rive, la gamine aperçoit le vieux pont de l'Espace-en-Ciel. Celui-ci a été construit il y a plusieurs années par le grand-père de sa bonne copine Hazelia. Il s'agit d'une véritable œuvre d'art. Ses poutres sont toutes travaillées et sculptées à la main. Il est si haut qu'on dirait que les étoiles y sont accrochées !

Au-dessus de Nebulia, l'étoile filante semble de plus en plus mal en point. La fissure sur sa surface paraît plus large et profonde. Pour se rapprocher au maximum de l'étoile et ainsi mieux la guider ensuite vers la pouponnière, Nebulia court jusqu'au pont aussi vite qu'elle le peut.

Quand elle aura traversé le pont et franchi la rivière, il ne lui restera que quelques nuages à enjamber pour conduire sa pauvre étoile jusqu'à la pouponnière. Elle y est presque !

3

# La peur au ventre

Nebulia, le cœur à l'aventure, file maintenant sur le pont. À chaque pas, elle oublie un peu plus la culpabilité qu'elle ressent d'avoir menti à sa mère et accepte sa décision de suivre l'astre. En se concentrant sur le moment présent, elle parvient à se sentir libre comme l'air et à savourer pleinement le soleil qui réchauffe le bout de son nez !

Voyant que l'étoile se rapproche dangereusement du pont, Nebulia décide de grimper sur le garde-corps pour lui venir en aide rapidement. Elle sait que ses parents désapprouveraient son geste… Mais tant pis ! En situation de crise, il faut ce qu'il faut ! Elle doit absolument tout faire pour aider cette étoile à survivre.

– Je suis là, petite étoile ! Viens me rejoindre ! crie Nebulia à l'astre brillant.

Se tenant d'une main à la poutre du pont, Nebulia étire son corps et tend son autre main le plus loin possible en regardant vers le ciel. C'est à ce moment qu'un rayon de soleil particulièrement brillant l'aveugle et lui fait perdre pied. Elle essaye tant bien que mal de retrouver l'équilibre, mais… plouf ! Elle tombe dans la rivière !

Nebulia nage aussi vite qu'elle peut pour rejoindre la rive, mais le courant est très puissant et l'aspire dans un tourbillon. Paniquée, elle perd totalement la maîtrise de son corps. Sans le vouloir, elle exécute une, puis deux pirouettes sur elle-même… Dès qu'elle parvient à sortir la tête de l'eau, Nebulia prend une grande respiration ! Elle est complètement étourdie… mais elle réalise tout de même qu'elle se dirige tout droit vers la grande Chute magique, celle qui fournit une tonne d'énergie à la pouponnière d'étoiles par la force de son courant !

– Nooooooooon ! crie-t-elle. À l'aide !

Mais il n'y a personne pour l'entendre.

Morte de trouille, tout en battant des bras et des jambes pour garder la tête hors de l'eau, Nebulia lève brièvement les yeux au ciel pour voir où est l'étoile filante. Mais elle ne l'aperçoit nulle part. Elle a disparu !

Nebulia poursuit sa course folle. Son corps est emporté à toute vitesse par un immense lit d'eau. Elle descend la Chute magique à la vitesse de l'éclair pour se retrouver ensuite plongée dans les eaux turquoise des Terres glacées. Son corps se raidit sous l'effet de ce froid soudain. Puis, pendant un moment, elle a l'impression que le courant se calme et qu'elle peut nager jusqu'au rivage. Enfin ! Mais... ses bras et ses jambes ne répondent pas à sa demande. Ils commencent à geler et elle est incapable d'avancer ! Nebulia connaît bien cette rivière et sait qu'un autre obstacle l'attend si elle ne sort pas de l'eau immédiatement... la Chute des Souhaits !

– À l'aide ! crie-t-elle encore à tue-tête, en espérant que quelqu'un l'entende.

Paralysée par le froid, Nebulia n'a pas d'autre choix que de se laisser emporter par le courant qui reprend en force. Elle prend une grande respiration et, juste avant sa plongée dans la chute, elle fait le souhait suivant :

– J'espère que la petite étoile va tenir le coup... et moi aussi !

# 4

# Un bricolage qui vire en sauvetage

Ignorant que leur copine d'enfance est en danger, Hazelia et Petulia travaillent sur un herbier dans le Jardin des Fleurs, où passe la Chute des Souhaits. Depuis le début de l'après-midi, elles ramassent toutes sortes de fleurs et de feuilles qu'elles comptent ensuite faire sécher dans un livre épais pour bien les conserver. Lorsqu'elles seront sèches, elles pourront les coller dans un grand cahier et, avec des crayons de toutes les couleurs, elles prendront le temps d'identifier chaque espèce. Leur objectif avec cet herbier est d'enseigner le nom de tous les végétaux qui poussent dans ce jardin aux plus jeunes enfants de la nébuleuse.

– Regarde celle-ci, dit Hazelia à Petulia, en coupant la tige d'une fleur tout doucement. Je ne savais même pas que des fleurs de cette couleur poussaient dans la nébuleuse. Elle brille !

– Oui, c'est une de mes préférées. Il s'agit d'une marguerite cosmique. Comme tu vois, le blanc de ses pétales scintille un peu. Et on n'a encore rien vu, paraît-il. Ma grand-mère dit que plus on vieillit, plus on peut voir de teintes différentes dans ce scintillement.

Hazelia lève la fleur coupée vers le soleil pour en admirer pleinement les couleurs. Puis, elle glisse sa trouvaille dans son sac avec d'autres variétés, dont des lys de l'espace et des trèfles roses porte-bonheur.

– On est tellement bien dans ta région, souligne Hazelia qui, elle, habite au cœur de la Forêt enchantée. J'aime la fraîcheur de chez moi, mais ici, toutes ces couleurs et ces odeurs ont le don de nous rendre plus joyeux !

– C'est bien vrai ! répond Petulia, qui connaît presque tout sur les végétaux. As-tu pris le temps de sentir toutes les variétés de fleurs ? ajoute-t-elle. Certaines odeurs de la nature ont des effets positifs sur notre santé. Il y en a qui soignent les maux de tête, d'autres qui calment le stress... C'est vraiment fascinant !

Puis, toujours penchées dans le jardin à la recherche de différents végétaux plus magiques les uns que les autres, les deux copines sont distraites par un drôle de son. Elles cessent aussitôt de parler et de bouger pour tendre l'oreille.

– À l'aide ! perçoivent-elles faiblement.

Petulia, craintive de nature, se redresse et fixe Hazelia d'un air surpris. Mais que se passe-t-il ?

– Aidez-moi ! continue la voix affolée, plus forte cette fois-ci.

Elles en sont certaines : ça vient de la chute. Les filles se mettent à courir à toute vitesse vers la rive. Plus elles approchent, plus la voix leur est familière. Mais oui, on dirait celle de leur amie !

– Nebulia ! lance Hazelia qui la reconnaît soudain. C'est Nebulia et elle semble en danger ! Vite !

– Où es-tu ? On arrive ! ajoute Petulia, déjà un peu essoufflée par sa course et affolée par la situation.

Au bord de l'eau, les fillettes aperçoivent leur amie qui s'accroche comme elle le peut à la tige d'une plante sur le point de céder sous la force du courant. Elle vient d'être projetée par la première cascade de la Chute des Souhaits et semble manquer de force pour se maintenir à la surface de l'eau... Hazelia et Petulia doivent faire vite, le temps presse ! Nebulia profite d'un petit répit, puisqu'elle se trouve sur un palier plus calme de la rivière, mais toutes savent que la deuxième cascade ne se trouve pas très loin. Et celle-ci est encore plus abrupte et dangereuse ! Elles trouvent une branche sur le sol et la tendent à Nebulia dans l'espoir qu'elle l'attrape pour la ramener vers la terre ferme. Mais la branche est trop courte...

En détresse, les yeux rivés sur ses copines, Nebulia est une fois de plus emportée par le courant. Petulia angoisse à la vue de ce terrible spectacle et sautille sur place, les poings fermés, tandis que le puissant courant annonce l'approche d'une nouvelle chute.

– Elle se dirige tout droit vers l'immense cascade qui va la projeter dans les Eaux profondes ! prévient Hazelia, qui cherche toujours comment intervenir.

– Il faut la suivre, s'écrie Petulia.

Sans quitter la rivière du regard, les deux jeunes filles repartent au pas de course. Lorsque la tête de leur amie frôle l'immense rocher qui sort de l'eau, elles serrent les dents et ferment les yeux !

– Ouf ! Elle est passée juste à côté, commente Hazelia, soulagée, à Petulia, qui ose à peine rouvrir un œil.

Dès lors, les deux amies perdent la trace de Nebulia, qui est emportée par la force phénoménale de la chute.

# 5

# Marinia à la rescousse !

Nebulia, les yeux fermés, se laisse couler au fond de l'eau. Difficilement, elle ouvre les paupières pour tenter de s'orienter. Bien qu'elle soit toujours terrifiée, la lumière qui brille dans le splendide monde sous-marin parvient à lui faire reprendre ses esprits. Retenant toujours son souffle alors qu'elle atteint le fond des Eaux profondes, elle se donne un élan avec ses pieds pour remonter à la surface. Au passage, elle constate que les beautés

du monde aquatique sont à couper le souffle… et le mot est bien choisi, parce que du souffle, elle commence à en manquer !

Mais soudain, Nebulia sent qu'on la tire par le bras. En tournant la tête, les yeux bien ronds sous l'effet de la surprise, elle se retrouve face à face avec un visage connu. C'est Marinia, sa copine qui a le fabuleux don de respirer sous l'eau ! Elle est venue la sauver de la noyade ! Quel soulagement… Habile comme un poisson, Marinia agrippe un bras de Nebulia, puis s'efforce de la remonter à la surface. Comme une sirène, ses gracieux battements de jambes sont d'une incroyable efficacité.

Une fois sur la rive, Marinia s'installe auprès de Nebulia pour la réchauffer.

– Heureusement que tu étais là… Tu viens littéralement de me sauver la vie. Merci, mille fois merci ! dit Nebulia, déboussolée et détrempée, hésitant entre le rire et les larmes.

– Ce n'est rien. Tu as eu de la chance que je sois ici par hasard. Je chantais, les pieds dans l'eau, lorsque je t'ai vue descendre cette chute comme un saumon de la Voie lactée ! Sais-tu que tu m'as fait très peur ?

Nebulia sourit un peu devant le ridicule de la situation. Puis, elle tord ses cheveux pour les essorer et un tout petit poisson en sort. Elle le remet gentiment à l'eau.

C'est à ce moment que Petulia et Hazelia les retrouvent, épuisées par la course et visiblement soulagées de voir Nebulia saine et sauve !

– Nous étions mortes d'inquiétude ! lance Hazelia, essoufflée, la main sur le cœur.

– Tu as eu tellement de chance que Marinia soit dans le coin ! ajoute Petulia. Mais qu'est-ce qu'il t'a pris ? demande-t-elle d'un air maternel, les deux poings sur les hanches, tout en essayant de reprendre son souffle.

– C'est une longue histoire. Je regrette tellement d'avoir menti à ma mère pour suivre une étoile filante malade, confie Nebulia aux filles qui s'installent près d'elle sur la rive. Je pensais que c'était un bon prétexte pour enfin visiter la pouponnière d'étoiles où travaille mon père. J'ai commencé à traverser la rivière par le pont, je suis montée sur le garde-corps pour porter secours à la petite étoile… Et j'ai perdu pied ! poursuit-elle en se mettant à pleurer.

Pour la réconforter, Hazelia sort la marguerite cosmique de son sac et la fixe gentiment à l'élastique dans les cheveux de son amie. Nebulia tremble un peu, mais elle se sent mieux depuis que ses copines l'entourent. Elle réalise à quel point elle a besoin d'elles et de leur soutien. Leur parler, partager sa mésaventure avec elles a l'effet d'un baume sur son cœur.

– On rêve toutes de visiter cette pouponnière, admet Hazelia aux trois filles, qui sont entièrement d'accord.

– J'étais tellement déterminée à sauver cette petite étoile en détresse ! Elle semblait à bout de force et avait cette étrange faille sur le devant. Elle devait absolument retourner à la pouponnière. Et puis, je souhaite depuis si longtemps aller voir les jolis bébés étoiles qui se trouvent à cet endroit, et peut-être même les cajoler…, dit-elle, les yeux brillants.

Nebulia fixe le ciel et ajoute :

– Maintenant, je ne sais plus où mon étoile se trouve ! Elle s'est peut-être même écrasée au sol !

En effet, là où les filles se trouvent présentement dans la nébuleuse, elles sont bien loin de la pouponnière…

– Nous allons t'aider à la retrouver, ton étoile ! promet Hazelia.

– Et ce sera amusant, ajoute Marinia. C'est un peu comme faire une chasse au trésor… dans le ciel ! Si elle s'y trouve encore…

6

# Des pouvoirs plein les yeux

Toujours assises sur le bord des Eaux profondes, les filles parcourent le ciel des yeux à la recherche de la fameuse étoile filante. Comme rien n'attire leur attention là-haut, elles abandonnent, bredouilles, et observent plutôt le sol, puis l'eau qui coule devant elles. Toujours rien. Dans cette région de la nébuleuse, l'eau est parfaitement translucide et le fond est recouvert de pierres stellaires cristallines. Il s'agit là d'un vrai trésor de la nature.

– Tu as toujours été capable de respirer sous l'eau ? demande Nebulia, curieuse, à celle qui vient de la sauver.

– Non, répond Marinia. Au début, il m'arrivait souvent de m'étouffer ! Ma mère m'a aidée à m'entraîner. Comme c'est elle qui m'a transmis ce pouvoir, elle en connaît tous les secrets. Je me suis améliorée, mais j'arrive à contrôler ma respiration depuis peu de temps seulement.

Hazelia, qui suit elle aussi la trace de ses parents, révèle qu'elle travaille quelques techniques pour entrer en contact avec la nature, ces derniers temps. Elle aussi s'entraîne à développer son don !

– J'ai évolué, confie-t-elle. J'ai maintenant l'impression que lorsque j'entre en connexion avec un arbre, il me donne un peu de son énergie et je lui en transmets également. C'est une sorte d'échange cosmique assez difficile à expliquer. Mes parents me disent que je découvrirai jusqu'où peut me mener mon pouvoir avec les années. Ils m'assurent que ce n'est que le début !

Toutes ces révélations, bien qu'extraordinaires, commencent à rendre Nebulia un peu jalouse… Si Petulia a elle aussi un don, elle sera la seule à n'avoir aucune magie !

– Mais moi, les filles, je ne sais rien faire, se plaint-elle.

– Tu es notre amie, lui rappelle tendrement Hazelia. Tu nous fais rire, tu nous écoutes et on aime beaucoup passer du temps avec toi.

– C'est gentil, répond Nebulia, mais tous les gens qui m'entourent sont si… si spéciaux. Moi, je n'ai rien qui sorte de l'ordinaire. Pas de pouvoir particulier…

Les copines se rapprochent de Nebulia pour lui faire un gros câlin collectif. Un très léger sourire se dessine sur son visage. Elle se sent aimée de ses amies, mais au fond d'elle-même, elle s'interroge plus que jamais sur sa raison d'être parmi celles-ci, et dans l'univers. Décidément, ce n'est pas sa journée ! Ce qu'elle aimerait pouvoir revenir en arrière pour ne pas se poser toutes ces questions ! Aujourd'hui, elle aurait simplement dû demeurer étendue sur son petit nuage et se contenter de gribouiller dans son journal !

– Ne te décourage pas, Nebulia. On va essayer de trouver ta force, assure Marinia. Tous les habitants de la nébuleuse ont la leur et tu n'es pas différente des autres. Ton pouvoir est caché en toi, n'en doute pas.

Non loin des filles, plusieurs habitants du coin se sont rassemblés pour méditer ensemble, comme c'est souvent le cas dans cette région. Après quelques minutes à peine, on perçoit une aura colorée autour de chacun d'eux. Puisqu'ils sont assis très près les uns des autres, un arc-en-ciel se forme au-dessus de leurs têtes. Non seulement le spectacle est magnifique, mais en plus, toute l'énergie positive qui se dégage de cette activité aide à maintenir l'équilibre dans la nébuleuse, où les étoiles se nourrissent de bonnes vibrations.

– Vous voyez ! Encore des gens fabuleux aux pouvoirs exceptionnels ! affirme Nebulia, de plus en plus contrariée.

Pour chasser les vibrations négatives de son amie, Marinia décide de chantonner un air avec sa voix mélodieuse.

– Poussière d'étoiles, d'où viens-tu, poussière d'étoiles, où vas-tu…

Hazelia et Petulia l'écoutent avec admiration. Comme par magie, grâce à l'énergie dégagée par sa voix, les pierres stellaires, au fond de l'eau, scintillent de plus en plus.

Jalouse devant tant de pouvoir, Nebulia se lève brusquement, ce qui fait aussitôt taire son amie à la voix cristalline. Marinia est confuse. Elle ne comprend pas pourquoi Nebulia agit ainsi. Après tout, ses amies essaient seulement de l'aider !

Devant le malaise qui s'installe, Nebulia s'éloigne du groupe. Marinia lance un regard découragé à Petulia et à Hazelia, et se lève à son tour. Les autres l'imitent pour soutenir leur camarade qui broie du noir. Les trois filles, en bonnes complices, pressent le pas pour la rejoindre.

Nebulia, qui rebrousse maintenant le chemin, regarde encore le ciel à la recherche de la petite étoile. Elle aimerait tellement la retrouver pour boucler cette dure journée... En vérité, elle sait bien que d'autres copines de son âge ne connaissent toujours pas leur force profonde. Elles sont encore jeunes, après tout. Elles ont toute la vie et l'univers devant elles pour se découvrir. Mais Nebulia est impatiente d'être aussi extraordinaire que ses meilleures amies. Dans ce petit groupe précieux, elle est la seule à ne pas savoir qui elle est vraiment.

7

# Quand la nature s'enchante

Marinia, Hazelia et Petulia ont réussi à rattraper leur amie, et toutes se dirigent en silence vers le Jardin des Fleurs, la région où habite Petulia. Marinia les accompagne aussi, car même si elle s'éloigne de chez elle, elle espère que retrouver l'étoile blessée pourra redonner le sourire à Nebulia. Pour remonter le long de la cascade, les fillettes utilisent les champignons sauteurs qui poussent en bordure de l'eau. Comme bien d'autres œuvres de la nature dans la nébuleuse, ces champignons qui débordent d'énergie favorisent l'apesanteur. Bref, on a un peu l'impression d'être dix fois plus léger quand on grimpe sur eux. Bondissant d'un champignon à l'autre, les filles avancent donc vraiment plus rapidement. De temps à autre, elles lèvent les yeux au ciel, dans l'espoir d'y apercevoir la petite étoile filante craquelée.

Arrivée au Jardin des Fleurs, Nebulia est plus calme. Le paysage est si joli, ici ! Espérant redonner le sourire à ses amies, Petulia sort son piccolo de son sac et se met à jouer un air agréable. Quand elle porte cet instrument à sa bouche, elle ne fait qu'un avec lui. On dirait qu'elle est née pour faire de la musique. Dès les premières notes qu'elle souffle, des centaines de papillons s'approchent d'elle. Ils volent au rythme des sons, suivent gaiement Petulia qui gambade dans le champ tout en jouant. On voit aussi plusieurs jolis insectes se poser afin de répandre leur pollen sur les fleurs colorées des alentours. Hazelia se met même à danser au son de la musique pour accompagner son amie.

Il n'en faut pas plus pour contrarier Nebulia de nouveau ! Petulia aussi a un don !

– Vous vous êtes donné le mot ou quoi ? Vous le faites exprès, n'est-ce pas ? lance Nebulia, qui retrouve son sentiment de jalousie.

Voilà que c'est au tour de Petulia de se sentir mal, comme Marinia auparavant.

– Je voulais seulement vous faire plaisir, se défend-elle.

– Eh bien ! On peut dire que c'est réussi, comme tu peux le constater ! rétorque froidement Nebulia.

C'est alors qu'une sombre aura, à peine perceptible, se dessine autour de Nebulia… Cela n'annonce rien de bon. Dans la Nébuleuse argentée, lorsque les vibrations deviennent trop négatives, des trous noirs se forment… Si on ne réussit pas à chasser ces mauvaises énergies, ils deviennent de plus en plus dangereux. Ils se creusent davantage et des gens peuvent en devenir prisonniers.

– Je m'excuse, prononce enfin Nebulia, craignant le pire en ressentant les mauvaises vibrations qui l'envahissent.

Ses amies la fixent, sans rien dire. Elles ont toutes peur de faire un pas de travers ou de dire un mot de trop… Il y a encore beaucoup de tension dans l'air, même si Nebulia s'est excusée. Comme elle est près de chez elle, et qu'elle n'a plus du tout envie de poursuivre la quête de l'étoile, Petulia choisit de quitter le groupe.

– Je dois rentrer les filles, mes parents m'attendent. On se reparle demain.

Saluant leur copine de la main, Hazelia, Marinia et Nebulia poursuivent leur route.

Puisque la rivière est plutôt étroite à cette hauteur, le groupe décide de la traverser vers la Forêt enchantée. Sans trop de mal, elles passent d'une rive à l'autre en marchant sur les gros rochers qui émergent. On dit de cette région qu'elle est l'une des plus vieilles de la nébuleuse. Située tout au centre, elle représente une immense source d'énergie pour les habitants. Cette énergie est répandue aux quatre coins de la nébuleuse par les racines magiques des grands arbres. Ceux qui y travaillent et habitent dans les environs ont pour rôle de prendre soin des plantes magiques des lieux.

Dans la forêt, Nebulia mène la marche d'un pas rapide et entraîne ses amies dans des sentiers moins fréquentés. Quand elle finit par s'arrêter, elle questionne Hazelia sur ses pouvoirs.

– Hazelia, puisque nous sommes chez toi, pourrais-tu me montrer ce fameux pouvoir dont tu parlais plus tôt ? Peut-être que je pourrais essayer d'en faire autant, si tu m'enseignes ?

Hazelia hésite un instant, puis regarde Marinia qui se contente de hausser les épaules.

Hazelia prend alors dans ses bras un immense chêne cosmique et lui murmure quelques mots. L'énergie circule aussitôt entre le tronc et les feuilles, puis l'arbre se met doucement à verdir de façon plus éclatante.

– En leur donnant de l'attention et de l'amour, les arbres géants répandent une très grande force dans toute la nébuleuse par leurs longues racines, explique Hazelia. Cette énergie se rend aussi jusqu'à la pouponnière pour stimuler la naissance des prochaines étoiles.

– Wow ! admet Marinia. Toi qui aimes tant cette pouponnière, tu dois être heureuse de savoir ça ? dit-elle à Nebulia, pour la voir sourire de nouveau.

Nebulia, silencieuse, hoche de la tête, sans plus. Puis elle tente le coup. Elle s'approche doucement d'un arbre, le serre dans ses bras, lui murmure des mots doux, puis lève le regard vers son feuillage… Rien !

– J'ai juste l'air ridicule, moi, lorsque je fais des câlins aux arbres ! Pour Hazelia, tout cela semble si naturel…, ronchonne Nebulia, déçue et honteuse de son échec.

Le visage de Nebulia vire alors au rouge tomate. Immédiatement, l'aura qui l'entoure s'assombrit encore… Nebulia n'y prête aucune attention, cette fois, tout absorbée dans ses sentiments négatifs. Pourtant, la situation est grave !

8

# Dans les noirceurs de la forêt

L'énergie négative que dégage Nebulia commence à se faire sentir chez ses amies. Incapable de se contrôler, la fillette cherche du réconfort en levant les yeux au ciel afin d'y chercher la petite étoile filante. Malheureusement, elle ne remarque aucun astre en mouvement à l'horizon. Hazelia et Marinia, de plus en plus inconfortables par rapport à leur amie, ne savent plus comment agir. Hazelia décide aussi de rentrer à la maison.

– C'est à mon tour de vous dire au revoir. J'espère que tu sauras retrouver ton calme, Nebulia. L'ambiance n'est pas très agréable en ce moment…

Craignant de demeurer seule avec Nebulia et son mauvais caractère du moment, Marinia profite de l'occasion.

– Je dois rentrer chez moi également. Je vais redescendre à la nage par la rivière, ça ira plus vite.

Nebulia reste muette et baisse simplement la tête en agitant à peine la main en guise d'au revoir. Ça y est, elle a fait fuir ses amies ! C'est ici que cette journée se termine. Sa mission de retrouver l'étoile filante et de la conduire à la pouponnière a définitivement échoué. Et cette jalousie qu'elle a ressentie… Ça ne lui ressemble pas !

Lorsque Marinia se retourne pour rejoindre la rivière, elle fige. Elle tourne la tête d'un côté, puis de l'autre… Bizarrement, elle est complètement désorientée. Elle ne sait plus par où elle est arrivée ni vers où aller. Heureusement, ses amies sont encore proches.

– Hazelia, sais-tu où nous sommes ?

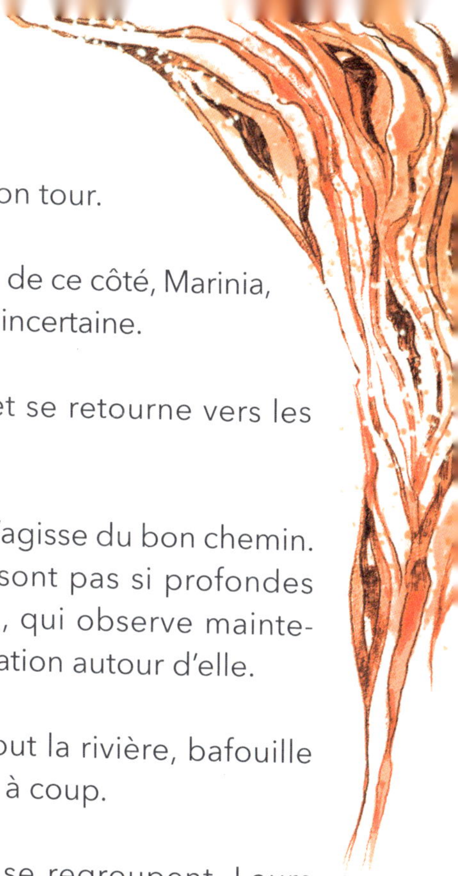

Hazelia analyse les lieux à son tour.

– Je pense que tu dois partir de ce côté, Marinia, et moi par là, suggère-t-elle, incertaine.

Hazelia fait quelques pas et se retourne vers les autres.

– Non, je ne crois pas qu'il s'agisse du bon chemin. Les racines des arbres ne sont pas si profondes dans mon coin, dit Hazelia, qui observe maintenant attentivement la végétation autour d'elle.

– Et je n'entends plus du tout la rivière, bafouille Marinia, très angoissée tout à coup.

Craintives, les trois amies se regroupent. Leurs petits dos se touchent et elles se serrent les coudes.

Elles se sont perdues en pleine forêt cosmique. Ici, les immenses racines des feuillus sont menaçantes. Les filles sont affolées… Mais comment ont-elles pu s'égarer à ce point ? Et si l'aura noire de Nebulia était responsable de cette désorientation ? Une force négative d'une telle puissance peut avoir de graves conséquences, et elles le savent. Les énergies doivent être équilibrées en tout temps pour que la vie suive son cours dans la nébuleuse. Ce qui n'est visiblement pas le cas en ce moment.

– J'ai vraiment très peur, avoue Marinia. Pas vous ?

– Oui, je dirais même que je commence à paniquer, répond Hazelia. Je ne reconnais pas du tout cette partie de la forêt. Si seulement on ne t'avait pas suivie, Nebulia ! dit-elle d'un ton accusateur.

– Tu sais bien que je n'ai pas fait exprès, se défend Nebulia. Je ne suis bonne à rien, vous le voyez bien ! enchaîne-t-elle en se remettant à pleurer. Moi aussi j'ai peur de ne plus jamais retrouver le chemin pour rentrer.

Plus les camarades s'obstinent, plus les énergies sont négatives. Nebulia regarde vers le sol et réalise que l'aura foncée qui l'entourait commence désormais à former un trou noir dans lequel les filles s'enfoncent tranquillement. Le ciel leur paraît de plus en plus loin. Autour d'elles, les racines se multiplient. Les énergies sont vraiment en déséquilibre total et ça prend des allures de cauchemar !

Guidée par son instinct, Nebulia se demande comment sa mère et son père réagiraient dans

une telle situation. Sa réponse : jamais ils ne baisseraient les bras ! Peu importe la difficulté qui se présente devant eux, ses parents cherchent toujours des solutions au lieu de se plaindre. Ils disent qu'ensemble ils sont plus forts, car les forces de chacun s'additionnent...

– Ça suffit ! annonce subitement Nebulia, d'un ton qui fait sursauter ses camarades.

Nebulia se ressaisit et prend enfin la situation en mains.

– Vous êtes mes meilleures amies et c'est à cause de moi si vous êtes dans ce sale pétrin. Mon père m'a toujours dit que c'est l'union qui fait la force. Comme vous avez de magnifiques forces, on va les exploiter ! ajoute-t-elle avec aplomb.

Elle se tourne alors vers ses amies.

– Je ne sais pas exactement comment faire, mais je suis convaincue qu'il faut d'abord rééquilibrer nos énergies pour calmer le trou noir, affirme-t-elle. Je vous demande sincèrement pardon. Pardon et encore pardon pour tout ce que je vous ai fait subir aujourd'hui. Je vous demande aussi de me faire confiance. Je vais nous sortir de là. Partantes ?

Retrouvant le sourire et un certain courage, Marinia et Hazelia font oui de la tête. Elles sont ravies de retrouver leur vraie Nebulia, cette fille attentionnée et débordante d'idées géniales !

Question de tenir jusqu'au bout de l'aventure, Nebulia ouvre son sac banane. Elle et ses copines croquent chacune dans une capsule d'eau de Lune. Rien de mieux pour refaire le plein d'énergie avant d'affronter l'impossible. Déjà, la profondeur du trou noir diminue. Elles sont sur la bonne voie !

9

# La force insoupçonnée de Nebulia

Toujours au cœur de cette partie obscure de la forêt, seules, mais ensemble dans le trou noir, les amies se réconfortent, épaules contre épaules. Heureusement, Nebulia est parvenue à laisser derrière elle toutes les mésaventures de la journée pour affronter la situation actuelle. Pourquoi se sent-elle si forte en ce moment ? C'est un sentiment nouveau. Elle se sent portée par une puissante énergie intérieure, une force qui semble l'habiter depuis toujours, mais qu'elle n'avait pas encore exploitée. Bref, elle est plus déterminée que jamais !

Tout de même un peu nerveuse, Nebulia a une pensée pour sa mère, à qui elle a osé mentir plus tôt aujourd'hui... Afin de se calmer un peu, elle s'imagine avec elle, sur un nuage, en train de faire du yoga... et de respirer. Puis, Eurêka !

– Marinia ! lance Nebulia, fière de l'idée qui vient d'apparaître dans son esprit. Puisque tu as l'habitude de méditer, tu vas nous montrer comment faire. Je sais à quel point les techniques de respiration peuvent nous aérer l'esprit, mais je ne les maîtrise pas encore autant que toi.

Comme un brave petit soldat qui a confiance en son capitaine, Marinia se place immédiatement dans la position du lotus.

– C'est une excellente idée que tu as là, Nebulia. C'est vrai que la méditation peut nous aider à retrouver notre calme et à recentrer notre esprit, et ainsi ramener les bonnes énergies. C'est peut-être bien notre seule chance !

– On va faire comme tu dis, affirme Hazelia, confiante et prête à tout pour se sortir de là.

Les deux filles regardent comment Marinia a placé ses jambes et font la même chose. Elle est assise au sol en tailleur. Le dos de Marinia est bien droit et ses talons sont légèrement remontés sur ses mollets.

– Ensuite, on ferme les yeux, explique Marinia. On pourrait méditer les yeux ouverts, précise-t-elle, mais avec toutes ces racines menaçantes, je crois qu'il est préférable de les fermer pour ne pas se laisser déconcentrer ! On place une main sur notre ventre. Maintenant, en inspirant, on le gonfle comme s'il était un ballon. On retient l'air quelques secondes et on expire doucement.

Marinia, qui guide toujours la séance improvisée, invite ses copines à répéter encore et encore cette technique de respiration.

– Laissez aussi sortir toutes vos craintes chaque fois que votre ventre se dégonfle, enseigne Marinia, de plus en plus zen.

Après quelques minutes à méditer, les épaules des filles sont moins tendues. Elles ne le savent pas, car elles ont les yeux fermés, mais de fines auras légèrement colorées commencent à se dessiner autour d'elles.

Lorsqu'elles finissent par ouvrir les yeux, elles constatent que leurs idées sont plus claires et elles se sentent bien moins nerveuses.

– Je crois que ça fonctionne ! fait remarquer Nebulia, observant le trou noir qui s'est un peu refermé sous elles.

En effet, le calme est de retour dans la tête des trois complices. Les nuages noirs qui envahissaient leur esprit sont disparus et ont laissé place à un puissant rayon de soleil. Nebulia a eu une excellente idée en suggérant cette séance de méditation. Et si c'était ça, sa mission au cœur des étoiles ? Si elle était née pour rassembler les gens, réunir leurs forces et les conduire vers la lumière ?

En se relevant, Nebulia, les bras ouverts, invite ses copines à lui faire un gros câlin. Les trois se serrent très fort pendant un long moment. Doucement, comme par magie, le groupe remonte vers la terre ferme. Le trou noir a disparu ! L'amour règne à nouveau dans leur groupe et parvient à déjouer les forces obscures.

Même si elles sont sorties du trou noir, les filles ne savent toujours pas par quel chemin rentrer chez elles. C'est alors que Nebulia se rappelle avoir déjà vu sa grand-mère maternelle parler au ciel, à voix haute, à la recherche de réponses à ses questions. Pourquoi ne pas faire pareil ?

– Ohé ! crie-t-elle, le nez levé vers le ciel bleu, en utilisant ses deux mains comme porte-voix.

Et voilà que son regard croise à nouveau la petite étoile filante abîmée. Bouche bée, elle la pointe aussitôt du doigt pour la montrer à ses amies. Nebulia est si contente qu'elle sautille sur place.

– Vous l'avez vue, n'est-ce pas ? C'est elle ! C'est l'étoile que j'ai voulu sauver en début de journée. Voyez-vous comme elle a l'air fragile ? Sa fissure devient de plus en plus large…

Mais cette fois, la petite étoile semble lui faire un signe ! Elle se déplace doucement en ligne droite, juste à la cime des arbres.

– Vite, suivons-la, insiste Nebulia.

Curieuses, les amies prennent la route indiquée par la mini étoile filante. Qui sait, peut-être veille-t-elle sur Nebulia, et non l'inverse ?

# 10

# Stella : douce étoile tombée du ciel

En suivant la petite étoile filante, Nebulia et ses copines reviennent vers l'étendue d'eau d'où elles sont arrivées. De là, elles pourront toutes retourner à la maison. Nebulia sait aussi par quelle route se rendre à la pouponnière. Mais comme elle a déjà eu son lot d'aventures pour la journée, elle prend une sage décision : elle attendra d'être invitée par son papa avant de s'y rendre.

Prêtes à se quitter, les fillettes envoient la main à la petite étoile. Mais voilà que celle-ci descend vers elles. Nebulia est stupéfaite. Elle n'en croit pas ses yeux, surtout que cette étrange étoile se dirige carrément dans sa direction. Plus encore, elle vient doucement, avec agilité, se poser sur son épaule. Nebulia regarde ses amies, inquiète. Personne n'ose bouger. De près, la petite étoile dégage une grande chaleur et une lumière aveuglante. Les filles doivent fermer les yeux, éblouies. Puis, un craquement se fait entendre. Nebulia sursaute en tentant de bouger le moins possible.

– Est-ce que je dois avoir peur? demande Nebulia, les yeux toujours fermés.

– Non, répond Hazelia en s'approchant. On dirait même que…

Puis, un autre craquement se fait entendre. Le son s'apparente à celui d'une coquille d'œuf qui se brise.

– C'est bien ce que je croyais, ajoute Hazelia, qui a l'air de comprendre ce qui se passe. Elle affiche d'ailleurs un sourire amusé.

Hazelia aide l'étoile, toujours sur l'épaule de Nebulia, à enlever une partie de sa coquille lumineuse.

Toutes découvrent alors la créature encore plus scintillante qui se cache à l'intérieur…

Nebulia ouvre les yeux et, voyant que sa copine n'a pas peur, retrouve son courage. Elle prend ce qui reste de l'étoile dans ses bras, question de mieux l'observer.

Surprise, elle libère la nouvelle venue du dernier petit morceau de coquille accroché à sa tête. Marinia se rapproche à son tour. Sortie de son étoile, une très mignonne créature fascine le trio.

– Est-ce bien ce que je pense ? demande Nebulia à ses copines, en retenant son souffle d'excitation. C'est mon animoulous ? Mon animoulous vient-il de me trouver ?

– Oui ! s'exclament en même temps ses deux amies, aussi heureuses qu'impressionnées.

Dans la nébuleuse, chaque enfant a droit à son animoulous. La rencontre entre les deux êtres est toujours un peu magique, mais personne ne sait à l'avance quand le jour de cette rencontre viendra. Ce que l'on sait, toutefois, c'est que les animoulous sont issus des étoiles filantes et que ce sont eux qui trouvent l'enfant avec qui ils veulent partager leur vie. Ces créatures arrivent généralement lorsque l'enfant a atteint une certaine maturité ou qu'il franchit une étape importante de son passage dans l'univers.

– On dirait que c'est une petite fille, affirme Nebulia. Je vais l'appeler Stella !

L'air ravi que prend aussitôt la petite créature signifie qu'elle semble apprécier le prénom que Nebulia vient de lui donner !

Stella est vraiment mignonne et les filles sont rapidement attendries par sa présence. Son corps est

tout rose, elle a de grands yeux bleus très lumineux ainsi que de minuscules ailes. Au centre de son front, une petite corne aqua scintille. Même si elle vient de naître, elle parvient à voler un peu sur place. Pour y arriver, elle bouge rapidement ses ailes bleues, en plus d'agiter la majestueuse queue rose et mauve qui lui sert de parachute.

D'abord un peu timide, la charmante Stella n'ose regarder que Nebulia. Lorsque celle-ci la pose sur le sol pour mieux l'admirer, Stella tend aussitôt ses toutes petites pattes vers elle. Nebulia se penche avec grand plaisir pour reprendre la créature qui la serre alors très fort par le cou. Comme un chat, elle ronronne doucement pour signifier qu'elle est bien.

– Oh ! Comme elle est attachante ! s'exclame Marinia. J'ai si hâte d'avoir mon propre animoulous.

– Moi aussi, réplique Hazelia. Tu vois bien, Nebulia, ta journée n'est pas si catastrophique, au final ! Si tu n'étais bonne à rien, comme tu disais plus tôt, cet adorable animoulous ne t'aurait jamais choisie, ajoute-t-elle.

– Tu as raison, Hazelia. Au lieu d'être positive, d'avoir confiance en moi et de chercher des solutions, j'ai préféré être jalouse et broyer du noir. Ça n'a fait qu'empirer les choses… Je suis tellement désolée, une fois de plus, de vous avoir entraînées avec moi dans ce désagréable tourbillon négatif. Je ne recommencerai plus jamais, vous avez ma parole !

Avant de prendre la route chacune de leur côté, Hazelia et Marinia s'approchent de Nebulia pour flatter son animoulous. Installée sur l'épaule de leur amie, la belle Stella accepte les caresses des filles et ose enfin les regarder dans les yeux. Tranquillement, elle s'habitue à son nouvel environnement.

– On dirait bien que nous avons une copine de plus dans le groupe ! s'exclame Hazelia en chatouillant doucement le doux ventre de Stella qui se tortille en souriant. De jolis petits cris sortent alors de sa bouche, ce qui fait littéralement craquer les trois copines, qui éclatent de rire.

Intérieurement, Nebulia se considère très chanceuse d'être la première de la bande à avoir fait la rencontre de son animoulous. Elle ressent une immense fierté et cela lui fait du bien. Toutes y auront un jour droit, mais quand ? Seul l'univers le sait !

11

# En route vers la maison

Nebulia est maintenant sur le chemin du retour, vers l'Espace-en-Ciel. Pour rentrer chez elle le plus rapidement possible, elle décide de remonter la Chute magique par la rive, en sautant d'abord sur les rochers, ensuite sur les champignons sauteurs, puis sur des petits nuages en forme de spirales. Mais elle fait bien attention ! Elle a eu sa leçon : pas question de se faire reprendre par un vilain courant ! Tout en bondissant, Nebulia s'adresse

à sa nouvelle meilleure amie, Stella, qui fait le parcours sur son épaule.

– Tu n'as pas idée à quel point je suis heureuse de te ramener avec moi. Grâce à toi, je ne serai plus jamais seule. Tu me parais bien plus géniale qu'un petit frère ou une petite sœur qui emprunterait toujours mes jouets ou encore fouillerait dans mes affaires sans me le demander !

Elle s'approche maintenant de sa région avec une petite peur cachée au fond du ventre.

– Crois-tu que je devrais mentir ou dire toute la vérité à mes parents à propos de cette folle journée ? demande-t-elle à Stella.

En guise de réponse, la créature émet quelques drôles de sons. Étrangement, Nebulia parvient à comprendre ce que Stella raconte.

– Tu me conseilles de dire la vérité. C'est bien ça ?

Et voilà que Stella serre très fort le cou de Nebulia.

– C'est bon. J'ai compris ! Ce n'est jamais bien de mentir. Ni de désobéir aux gens qu'on aime. Je le sais bien…

Avec un peu de culpabilité, Nebulia repasse sa journée en boucle dans sa tête. Elle pense à sa mère qui doit beaucoup s'inquiéter à son sujet. Elle croise ensuite les doigts pour rentrer à temps à la maison, un peu avant son père. Elle sait qu'il sera très déçu de son attitude d'aujourd'hui. Même si Nebulia a une très belle relation avec ses parents, elle admet qu'elle a dépassé les bornes et qu'elle leur devra de nombreuses explications. Tout en poursuivant sa route, elle s'exerce à les affronter.

– Papa, maman, vous ne pouvez pas imaginer ce qui m'est arrivé…

Non, pas assez direct… Elle recommence :

– Les parents, j'ai toute une histoire à vous raconter !

Non, non, non ! pense-t-elle. Ça ne fonctionnera jamais !

Puis lui vient l'idée de faire rentrer Stella avant elle pour les attendrir. Mais à bien y penser, elle trouve qu'il s'agit là d'une idée plutôt injuste pour la petite créature qui, contrairement à elle, n'a rien à se reprocher.

Elle réessaie, de façon honnête, cette fois.

– Papa, maman, j'ai fait une bêtise ! Je m'excuse et je vais tout vous raconter si vous m'en laissez la chance… Voilà sûrement comment je dois aborder le sujet, avoue-t-elle à Stella qui l'écoute, tout ouïe.

Sentant le stress de Nebulia augmenter de plus en plus, Stella décide de lui changer les idées. D'ailleurs, tous les animoulous ont le pouvoir de vivre pleinement le moment présent, sans se préoccuper du passé ou s'inquiéter de l'avenir. Cela fait donc d'eux des créatures très heureuses au quotidien. La petite descend de l'épaule de sa maîtresse et se met à faire des galipettes. Comme un petit clown, sa seule mission du moment est de faire rire Nebulia. Mission accomplie : celle-ci sourit presque aussitôt et passe une main affectueuse dans le pelage de Stella.

Nebulia adoooore son animoulous. Elle sent que la complicité est déjà bien installée entre elles.

Nebulia sait qu'elle sera certainement punie ce soir, mais d'un autre côté, elle est consciente que sans les aventures d'aujourd'hui, elle n'aurait pas trouvé sa force, sa place au sein de la nébuleuse. Elle n'a pas réussi à conduire l'étoile, qu'elle croyait en détresse, à la pouponnière où travaille son père, mais elle a découvert une partie de sa raison d'être. Elle sait maintenant que son leadership positif peut faire de vrais petits miracles. Voilà une des grandes forces qui l'habite et qui la rend unique dans son groupe d'amies.

# 12

# Le retour à la maison tant redouté

Le soleil commence à descendre, le ciel est passé du bleu au rose et il fait de plus en plus sombre dans la nébuleuse, malgré les étoiles qui brillent en permanence.

– Nous voilà enfin à L'Espace-en-Ciel, mon confortable univers aux mille nuages, chuchote Nebulia à l'oreille de Stella qui, les yeux tout petits, commence à être fatiguée. Nous sommes à quelques mètres seulement de chez moi… de chez nous !

Bébé Stella, épuisée par cette longue journée, s'endort tendrement dans les bras de Nebulia.

Arrivée devant sa maison, Nebulia aperçoit ses parents qui l'attendent, bien droits devant la porte. Nebulia sent son cœur battre très vite. Plus elle approche, plus elle remarque leur air dangereusement sérieux. Elle parvient aussi à lire la déception dans leur regard. Les larmes lui montent aussitôt aux yeux puis se mettent à couler à flots sur ses joues. Ce qu'elle en a versé des larmes, aujourd'hui ! Elle se sent soudainement très fragile et rêve juste de se faire bercer par sa maman, comme lorsqu'elle était toute petite et qu'elle venait de trébucher.

– Ce n'est pas du tout facile de vieillir ! se dit-elle en essuyant ses larmes avec la manche de son chandail. Je voulais seulement plus de responsabilités, plus de droits… comme le droit de visiter la pouponnière d'étoiles.

Nebulia court vers ses parents et colle son visage en pleurs sur le ventre de son papa qui, bien que très furieux, l'enlace affectueusement. Sa maman, incapable de résister à leur inséparable trio, se joint à eux également.

– Papa, maman, j'ai fait une bêtise ! Pardonnez mon retard, s'il vous plaît. Je m'excuse et je vais tout vous raconter.

En entendant Nebulia parler, Stella se réveille. Sous le regard fasciné et intrigué des parents, elle ouvre un œil, puis deux. Elle bâille ensuite à pleine bouche avant de réaliser qu'elle fait face à des visages qu'elle ne connaît pas. Timide, elle se cache derrière la tête de Nebulia.

– Je sais que ce n'est pas le meilleur moment pour les présentations, mais voici Stella, balbutie Nebulia qui essuie encore des larmes. C'est mon animoulous. Nos destins se sont croisés aujourd'hui… C'est grâce à elle que j'ai pu rentrer à la maison, raconte Nebulia à ses parents, qui s'efforcent de garder leur sérieux, bien qu'ils soient totalement sous le charme de la petite créature.

– Bonjour Stella, prononce la maman de Nebulia, en touchant avec douceur le menton de l'animoulous.

– Je sais que c'est une grande étape dans la vie d'une enfant que de croiser le chemin de son animoulous, mais avant de célébrer la venue de cette charmante petite bête, on va discuter, décrète le père de Nebulia, en ouvrant la porte pour faire entrer tout le clan. Mais commence par aller prendre un bain, Nebulia, tu es toute mouillée et tu vas attraper froid. On s'occupe de Stella en attendant.

Nebulia, dont les vêtements sont encore humides, monte à l'étage pour prendre un bon bain chaud. Ensuite, elle enfile un pyjama sec et confortable. De retour au rez-de-chaussée, elle constate que ses parents ont fait davantage connaissance avec Stella. Les trois sont installés à table et ils ricanent. Devant la chaise vide, un grand verre de lait attend Nebulia. Celle-ci sent une boule de bonheur monter en elle. Malgré ce qu'elle a fait aujourd'hui, elle sait que ses parents l'adorent. Ce qui est fabuleux, c'est que cet amour est inconditionnel. Elle croit bien que sa famille l'aimera et l'épaulera toujours, et cela, peu importe les décisions qu'elle prendra au fil de sa vie. C'est très rassurant pour une fillette qui a tant d'expériences à vivre et encore tant de choses à apprendre. Mais bien que cet amour soit plus fort que tout, elle sait, aujourd'hui plus que jamais, qu'il faut en prendre bien soin…

La maman de Nebulia tire sa chaise doucement, en guise de bienvenue.

– Allez ! Raconte-nous tout depuis le début, insiste sa mère, d'une voix neutre, mais calme.

Tout en savourant son verre de lait, Nebulia recule dans le temps à partir du moment où, étendue sur le nuage non loin de sa fenêtre, elle a vu passer une minuscule étoile filante blessée…

Ses parents écoutent son récit sans l'interrompre. Comme elle a manqué le souper, sa mère lui sert même un gros morceau de gâteau aux bananes recouvert de sucre à glacer polaire. Ce qu'elle en a de la chance d'être née dans une si bonne famille ! C'est maintenant à son tour de faire preuve d'une telle grandeur d'esprit, pour sa petite Stella, qui doit tout apprendre à son tour.

# 13

# Bonne nuit, poussière d'étoiles

Il se fait tard dans la nébuleuse. Par la fenêtre de sa chambre, Nebulia admire le ciel étoilé en compagnie de Stella, sa désormais inséparable amie. Puis, fatiguées par cette journée mouvementée, les deux complices viennent se glisser dans le confortable lit de Nebulia, sous ses chaudes et réconfortantes couvertures.

– Toc, toc, toc, fait son père en ouvrant la porte.

Comme à l'habitude, il vient s'installer auprès de Nebulia pour la border avant qu'elle s'endorme.

– Je te félicite pour ta franchise, Nebulia d'amour. Mais tu nous as fait une de ces peurs avec ton retard !

– Je sais papa. Je ne suis pas fière de moi. Je m'excuse encore.

– Tu es pardonnée, mais tu seras tout de même punie. Ta mère et moi avons décidé de te priver de sortie pour quelques jours.

– D'accord, je l'ai mérité… Dis-moi, papa, peux-tu m'en dire davantage sur la pouponnière d'étoiles ?

– Que cherches-tu tant à savoir ?

– À quoi est-ce que ça ressemble ? Et pourquoi je ne peux pas encore y aller ?

– Comme tu le sais, la pouponnière est située de l'autre côté de la Rivière de l'Éternité, juste derrière le Jardin d'Étoiles. L'immense bâtisse est construite en verre, afin de permettre aux étoiles naissantes de rester en contact avec le reste de l'univers. Donc, de mon bureau, où j'ai accès au centre de contrôle, je peux admirer les splendeurs de l'espace sous tous les angles pour mieux protéger les astres. Je m'assure, entre autres, qu'une quantité suffisante d'énergie se rend aux étoiles naissantes, afin qu'elles survivent et qu'elles puissent briller au maximum de leurs capacités. Cette pouponnière est un lieu magnifique et très impressionnant ! Je comprends pourquoi cet endroit intrigue tous les enfants de ton âge. Mais nous ne sommes que quelques chanceux à détenir les clefs d'or, qui nous donnent tous les accès.

Buvant les paroles de son père, Nebulia n'est pas rassasiée, loin de là.

– Je veux plus d'explications, papa ! La vérité ! Pourquoi crois-tu que je ne suis pas encore assez grande pour aller te rendre visite au travail ?

– Ce n'est pas une question de grandeur physique ou d'âge, ma jolie, mais bien une question de grandeur d'âme et d'état d'esprit. Les gens qui entrent dans la pouponnière doivent uniquement émettre des énergies positives, sinon les bébés étoiles en seront gravement affectés. Certaines pourraient même ne jamais voir le jour si quelqu'un osait faire entrer des vibrations négatives dans leur cocon… Tu vois ?

– Je vois, répond-elle. Et j'admets que je ne suis pas encore tout à fait prête pour cette importante visite. Il m'arrive d'avoir du mal à contrôler mes émotions…

– C'est déjà fort mature de l'admettre ! lui explique son père. Certains adultes n'ont pas cette force que tu as, cette capacité de s'analyser et de vouloir s'améliorer. Tu es sur la bonne voie, ma Nebulia, il n'y a aucun doute. Lorsque je prendrai ma retraite, qui sait, peut-être seras-tu celle qui veillera sur le bien-être des milliers d'étoiles à venir ?

Les paroles de son père résonnent dans le cœur de Nebulia, qui sourit. Maintenant paisible et épuisée par sa périlleuse journée, elle ferme les yeux.

– Tu en sais juste assez pour le moment, ajoute son père en l'observant avec amour.

Puis, tout en posant son index sur le front de sa fille comme il le fait tous les soirs depuis sa naissance, son papa lui chuchote à l'oreille :

– Bonne nuit, beaux rêves, poussière d'étoiles !

– Bonne nuit papa. Je t'aime, dit-elle en gardant les yeux fermés tant ses paupières sont lourdes.

– Je t'aime aussi. Tellement et pour l'éternité. Tout comme ta maman.

Une fois seule dans la noirceur de sa chambre, Nebulia fait le bilan de sa journée. Même si elle regrette d'avoir menti à sa mère, d'avoir jalousé les pouvoirs de ses amies et d'être rentrée plus tard que jamais, elle considère que bien du positif ressort de cette aventure.

– Tu seras ma meilleure amie pour toujours, confie Nebulia à l'oreille de Stella qui se colle tout contre elle. Puis, les yeux fermés, elle pose l'index sur son minuscule front, comme seul son papa sait le faire :

– Bonne nuit, beaux rêves… poussière d'étoiles !

Le nez enfoui dans le doux pelage de son animoulous, Nebulia se laisse tomber dans le sommeil.

Plus
d'aventures
à venir
très bientôt !

Nebulous Stars®

nebulousstars.com

# Dans la même collection

Suivez-nous sur le Web
et les réseaux sociaux !

EDITIONS-PETITHOMME.COM
EDITIONS-HOMME.COM
EDITIONS-JOUR.COM
EDITIONS-LAGRIFFE.COM
RECTOVERSO-EDITEUR.COM
QUEBEC-LIVRES.COM
EDITIONS-LASEMAINE.COM

Cet ouvrage a été achevé d'imprimer sur les presses
d'Imprimerie Transcontinental, Beauceville, Canada